Estrellas en la Arena

Estrellas en la Arena

ALVARO ANDRADE

Lo que brilla en la arena solo
son fragmentos de estrellas…

ESTRELLAS EN LA ARENA

iUniverse books may be ordered through booksellers or by contacting:

iUniverse
1663 Liberty Drive
Bloomington, IN 47403
www.iuniverse.com
1-800-Authors (1-800-288-4677)

Because of the dynamic nature of the Internet, any web addresses or links contained in this book may have changed since publication and may no longer be valid. The views expressed in this work are solely those of the author and do not necessarily reflect the views of the publisher, and the publisher hereby disclaims any responsibility for them.

Any people depicted in stock imagery provided by Thinkstock are models, and such images are being used for illustrative purposes only. Certain stock imagery © Thinkstock.

ISBN: 978-1-4917-6954-6 (sc)
ISBN: 978-1-4917-6953-9 (e)

Library of Congress Control Number: 2015911123

Print information available on the last page.

iUniverse rev. date: 08/27/2015

A mis padres, a mi esposa, a mis hijas, por creer, por amar, por inspirar.

"Estrellas En La Arena"
DE ÁLVARO ANDRADE

Por Gustavo Adolfo Wyld Ferraté

El arquitecto Álvaro Andrade, autor del poemario *Estrellas en la arena,* es una persona entregada al arte. Además de su profesión, ha incursionado exitosamente en los campos de la pintura, la escultura y la poesía. En lo que se refiere a este último arte, Andrade es poeta desde siempre. Sí, "desde siempre", porque, cuando aún era estudiante de diversificado en el Colegio Americano de Guatemala, ya escribía poemas en español y en inglés. Pasaron los años y publicó su primer poemario escrito en inglés: *Threads: a Collection of Poems.* Luego vino un conjunto de poemas en español, publicados en 2004, con el título *Así eres tú.*

Estrellas en la arena, este nuevo libro de Álvaro Andrade, contiene una poesía sencilla, llana, entendible, espontánea, libertaria y alejada de todo barroquismo y rebuscamiento, es decir, una poesía *per se.* Para ejemplificar lo dicho, acudiré a lo siguiente: hay un arcoíris en el poema del mismo nombre, y este arcoíris es solo *«la luz / abrazando una gota de agua».* Sin embargo, dentro del mismo poema, el poeta transfiere la cualidades antropomórficas de la luz a la "gota de agua", para decirnos que es solo *«Una gota que busca la luz / para hacer un arco iris».*

«Escribo porque sí / y escribo porque no», dice Andrade en su primer poema, como si tratase de responder a la pregunta: "¿Por qué escribe usted?", como si fuera posible explicar la causa o llegar a las hondas raíces del interés personal por el quehacer

1

poético, como si alguien pudiese mostrar objetivamente el porqué de sus poemas. Sin embargo, se trata de una pregunta válida que todos los que escriben se habrán formulado más de una vez. Dar respuesta unívoca a la razón de escribir poemas es prácticamente imposible; ni siquiera los mismos poemas, por medio de su contenido y forma, pueden dar justificación de su existencia. Regresemos y retomemos esos dos versos del primero de los poemas de Andrade: *«Escribo porque sí / y escribo porque no»*. Me tomo la libertad de hacer una referencia el poeta chileno Oscar Hahn, para mostrar cierta coincidencia de reflexiones que se da entre él y Andrade. Hahn se ocupa del mismo problema y ofrece una respuesta socarrona a la pregunta de marras, en un soneto intitulado "¿Por qué escribe usted?" La respuesta es esta: *«porque el fantasma porque ayer porque hoy: / porque sí porque no»*, y cierra su soneto diciendo: *«porque algún día porque todos porque quizás»*. Como se puede apreciar, hay una coincidencia con ese *«Escribo porque sí / y escribo porque no»* de Andrade, pero con la diferencia de que este no cae en lo burlesco, porque intuye que el problema es muy serio. Prueba de ello es que cierra el poema con dos versos tremendamente concluyentes: «Escribo para que nunca / se me reviente el alma».

Y como siempre sucede a quien escribe, aunque sea por oculta y sugerente instigación de un simple objeto, un aroma, un sabor, una melodía, la evocación acude y propicia el surgimiento de una serie de sensaciones diversas que propulsan la expresión literaria. Cuando determinado recuerdo se torna recurrente, adquiere esencialidad para quien lo atrapa en la red de la memoria. Dice Andrade, en su poema "La vieja campana", que su tañido significa *«el reverberar de tus recuerdos / en los rincones de mi alma»*. Pongamos atención: No ha dicho "mis recuerdos" sino hace que estos *reverberen* en el "tú" poético, porque para el poeta son apenas *«...el eco de los sueños / que simplemente no están»*. Solo están él, en una cama vacía, *«y el tañer de la campana»*, que además es una *vieja* campana, según apunta el título de la sección poemática. Esta evocación me da la impresión de una *misse en abyme*, o sea, un poema enmarcado donde confluyen y se entreveran dos formas distintas de recordar: la del "yo" y la del "tú" poéticos. La imbricación de una dentro de la otra simula algo similar a las *matrioskas* o muñecas rusas. Al llegar a este punto de mi comentario, debo aclarar que este —y algún otro señalamiento posterior— es hijo de mi particular tendencia a ver o detectar ciertos recursos compositivos, pero de ninguna manera lo señalado desvirtúa la llaneza y la sobriedad del autor del poemario, a quien el procedimiento se le da como una dádiva natural, espontánea, lo que es incluso más meritorio.

En el poema "Niña mía", vemos la vinculación del presente del padre con el futuro de la hija: *«Esta noche besaré tu frente / como todas las otras noches / desde que naciste. / Como la firma de un convenio / entre mi presente y tu futuro. / Te contemplo durmiendo / y con mi beso / celebro tu vida en la mía».* Creo que resulta evidente la presencia del amor paternal y la vista puesta en el porvenir de la hija. No me extraña nada la aparición de este sentimiento del escritor en este poema, toda vez que conozco el afecto que lo impulsa a salir de sí mismo para proyectarse a los demás, no digamos hacia esa niña *suya*.

Enseguida viene el poema "Oración", donde Andrade nos permite comprobar la ternura que siente por los niños. Él mismo no quiere envejecer cargando sus falencias, y pide ayuda a Dios: *«Señor, / no me dejes envejecer así, con el peso de mis errores / sobre mi espalda, / con la amargura / de mis sueños rotos».* Y luego viene una tierna y conmovedora referencia a los niños: *«Déjame siempre ver / los pequeños momentos entrañables, / las risas y las ilusiones de los niños / y los sueños que siempre / serenaron mis tempestades».* Y apenas damos un paso más, nos percatamos de que el aspecto familiar es fundamental en *Estrellas en la arena*. Para el efecto, veamos esta estrofa de "Aniversario": *«Soñarte / con el sueño ingenuo / de los niños / y saberte mía, / desde siempre, / para siempre… / como aquella primera vez».* Y crece la referencia a lo amoroso en la sección

"Llegar a ti": *«Cuando entré en tu corazón, / ya no salí más / ni vine, ni me fui, / ni tampoco regresé».*

En "Tarde de martes" retoma el tema de la escritura, concretamente el de aquel escribir que mencionamos al principio de estos apuntes, de escribir solo porque sí o solo porque no: *«En una tarde cualquiera, / de olor a tierra húmeda y a recuerdos, / tomo la pluma y te escribo, / y te escribo porque sí... y porque no».* Esa tarde llueve, y el agua cobra reflejos sobre la tierra húmeda y se tornan los charcos en espejos rotos *«de sentimientos confundidos / en la intersección de los círculos / de cada gota que cae».* Dudo un poco, pero me parece que aquí hay una personificación, ese recurso compositivo al que algunos le han dado el nombre rimbombante de *prosopopeya,* el cual consiste en otorgar cualidades humanas a algo que no lo es. Es el caso de los charcos que poseen "sentimientos confundidos". Y dudo, dije, porque a lo mejor el poeta alude a sus propios sentimientos reflejados en esos "espejos rotos".

En el poema "Lunes", los días se enumeran uno tras otro. Debo decir que, en lo personal, me encantó el desenfado referido al domingo: *«El domingo tiraremos / cualquier padrenuestro al cielo».* Imagínense qué cosa esa de "tirar un padrenuestro", y no precisamente el de la oración dominical, sino "cualquier..." ¡Me encanta!

Y de pronto nos topamos con el arquitecto, el creador, el pintor, el escultor en "fabricante de sueños". El poeta cobra impulso y se sumerge en su interior, para describir el motivo afectivo que lo habita, que lo inquieta, que lo perturba. Por su relevancia, lo reproduzco completo:

> *Soy un fabricante de sueños,*
> *soy carpintero, soy tejedor.*
> *Soy el hacedor de estrellas*
> *que pringa el firmamento...*

Soy tú,
soy él y ella,
soy el nosotros, vosotros,
y por supuesto, ellos.

Soy conjugación de verbos
en el ajedrez del universo.
Mis cuadros bailan
al compás de mis poemas.
Mis dibujos se dispersan
y mis esculturas crujen
como puertas ancestrales.

En el reventar del día,
de ese día cualquiera,
soy un hacedor de estrellas.

Poco se puede agregar que el verso «soy un hacedor de estrellas», que cierra el poema, amarra todo e incluso nos remite al porqué del título del poema: *Estrellas en la arena*. El poeta, el pintor, el escultor se unifican en uno solo, en el artista que fabrica estrellas en la tierra. Y, además, este artista se ha hecho uno con nosotros desde la segunda estrofa, y ya nosotros somos uno con él y su creación: *«Soy tú, / soy él y ella, / soy el nosotros, vosotros, / y por supuesto, ellos».* Una generosa convocatoria a los lectores para que nos transformemos en uno solo con el artista y caminemos junto a él por su sendero poético.

En "Solo una rosa", surge un "tú" poético desinteresado de cualquier riqueza material, es decir, un ente inclinado únicamente hacia lo natural, a quien solo lo más bello del mundo le cautiva la atención y le agita el ánimo. En relación con la flor mencionada, hay una expresión dedicada a ella: "la reina de las flores", la cual principió como un tropo, concretamente una metáfora, y con el paso del tiempo, y por el excesivo uso que se le dio, se desgastó, se cristalizó. Esta expresión sugería, sin explicitarla, a la *rosa*. En el poema de Álvaro, es precisamente la rosa, sin disfraces metafóricos, el objeto de deseo del "tú" poético, quien rechaza, si acaso se las ofrecieran, *«todas las riquezas del mundo»*, y solo tomaría *«aquella rosa»* que el "yo" poético, le ofrece:

> *Si yo te pudiera ofrecer*
> *todas las riquezas del mundo,*
> *tú tomarías* aquella rosa;
> *yo te haría aquel poema*
> *y juntos tocaríamos el universo.*

Y hablando de flores, viene enseguida un poema intitulado "Carlos", que (supongo) es una elegía dedicada a una persona con ese nombre. No se menciona flor alguna en el poema, pero este es, por su disposición gráfico-formal, un bello arreglo floral en honor de Carlos. El lector del libro podrá comprobarlo.

La lectura del poema del poema "Niño perdido", debido a la ingenuidad y ternura que inspira, me trajo pronto a la memoria a Antoine de Saint-Exupery y su obra *El principito*. Álvaro Andrade habla en su poema de un niño que va y viene, queriendo vaciar el mar con sus propias manos. Cuando el poeta le pregunta por qué quiere vaciar el mar, el niño le responde: *«Es porque no me alcanza el día / y no quiero ver / la puesta del sol»*.

Después aparecen varias secciones poemáticas que denotan la tristeza que embarga al poeta, Dos ejemplos: Uno, en "Noche sin alma", noche en la que el poeta exclama: *«...y ese dolor / me cala los huesos / y se mete / debajo de los ojos, / por detrás de los párpados. / Y me duele el agua, / y me duele el río / y me duele el mar»*. Otro, en "Día de nada": *«Hoy es un día de nada... / Gris, triste, medio perdido, medio encontrado... / [...] El día está cansado, cansado de buscar esperanzas»*. Y yo me pregunto si acaso no será el poeta, y no el día, el que está cansado de buscar "esperanzas". Porque la llaneza de la poesía de Andrade no implica solo luminosidad y sosiego. El poeta sufre, y más que otras personas, en razón de su alta sensibilidad y perspicacia. Posiblemente, la tabla de salvación para su melancolía sean esas niñas que aparecen en un poema dedicado a ellas, donde dice: *«Beso tu frente / en el punto del tiempo / en que mi pasado / se conjuga con tu futuro».*

Y no podía faltar la presencia de la libertad absoluta en su quehacer poemático, con supresión de todo gobierno y ley. Esto es lo que, a mi juicio, cobra mérito y hace más poeta a Andrade, porque la libertad es el punto medular para cualquier persona que se dedica al arte. Y como sé que soy un incorregible caradura, estas salidas de Álvaro hacia actuar y andar por libre, o como dicen ahora, "por la libre", me fascinan. Le dan vigor poético a cada verso. A Álvaro Andrade no le agrada, entonces, someterse a normas ortográficas ni de versificación. Oigamos, en su orden, lo que opina sobre aspectos de ortografía, conjugación verbal y versificación:

Ortografía:
…quisiera olvidarme de la ortografía
y escribir este poema de corrido
dejando que usted
ponga las comas que yo me como
y los puntos que no apunto

Conjugación (verbo no registrado):
Quisiera agarrar
un verbo cualquiera:
prestidigitar, por ejemplo.
Quisiera conjugarlo:
yo prestidigito,
tú prestidigitas…

Y sobre las reglas de versificación, sirva de ejemplo este "soneto":

No he de escribir
un soneto hoy…
Creo que dejaré
ir mi pluma por doquier.
Prefiero el vuelo libre
a la rígida estructura.
Prefiero tocar el alma
con la mano desnuda,
que tratar de hacer cirugía
con la forja de un herrero.

Definitivamente, Álvaro es un libertario en su elaboración poética. Esto, para mí, es una virtud, no un defecto. Quizás entre las licencias poéticas que integran los sistemas de versificación española, ya estén a punto de registrar la de ser antigramatical y además un poquito caradura.

Es tiempo ya de poner punto final a mi travesía, para que los lectores del libro puedan disfrutarlo a sus anchas y entresacar y obtener de cada poema su propia interpretación. En realidad estos apuntes no pasan de ser solo una manera de ver las cosas.

Concluiré mi propuesta de lectura diciendo que, en *Estrellas en la arena,* son aspectos recurrentes propios del autor: lo familiar, donde destaca el gran amor que profesa a su esposa y a sus hijas, y donde aflora su deseo de sincronizar su pasado y presente personal con el futuro de las niñas; las intensas evocaciones de un pasado que se antoja irrecuperable; las indagaciones sobre el arte de escribir; la inmersión en el mundo interior del "yo" poético, con su salto de los momentos luminosos y dichosos a los lapsos sombríos y dolorosos; su particular propensión a la ternura que le inspiran los niños. Y, muy particularmente, su afán de libertad total en el campo del arte.

Gustavo Adolfo Wyld Ferraté

28 de mayo de 2015

ESCRIBO PORQUE SÍ

Escribo porque tengo que escribir
so pena que la sangre finalmente
se me convierta en tinta.

Escribo porque sí
y escribo porque no.

Es como meterse
dentro de un calcetín
para encontrarse el alma.
Es verse en el espejo
para desconocerse
y reinventarse
y luego reconocerse.

Escribo porque tengo que escribir,
porque el papel me llama,
me ama y luego me odia
para volverme a amar…
Y la tinta, bueno la tinta,
la tinta es solo sangre del alma.

Escribo para que nunca
se me reviente el alma.

AÑO NUEVO VIEJO

Día dos que día tres.
El nuevo año se cambió
la ropa del viejo año.

Se mudaron los sueños,
los viejos por los mismos
pero maquillados frescos,
recién lavados,
recién salidos del horno.
…y pensamos que todo cambia,
cuando nada cambia.
Año nuevo, año viejo.

ARCO IRIS

En tu ausencia
no hay nada…
Es mucho más
que el vacío
de tu no estar.
Mucho más que distancia.
Nada…y mucho más que nada.
Todo…la botella de vino
medio llena y mi vida,
medio vacía por tu no estar.

En tu ausencia
solo encuentro soledad.
Solo hay nada,
el extrañar de la lluvia
que busca su arco iris.
Solo es eso, la luz
abrazando una gota de agua…
Tu luz abrazando mi alma.

En tu ausencia no hay nada…
mucho más que nada.

Una gota que busca la luz
para hacer un arco iris.

LA VIEJA CAMPANA

El tañer de la vieja campana,
el reverberar de tus recuerdos
en los rincones de mi alma.

Tu ausencia en mi vida,
en el eco de los sueños
que simplemente no están,
de las ilusiones
que simplemente no encuentro,
de la esperanzas
que simplemente no llegan…

Como el amanecer
de mis noches de desvelo
en mi cama vacía,
y el tañer de la campana.

NIÑA MÍA

Todas las noches de tu vida
he pasado a darte un beso.
Es como una celebración
de tu vida en la mía,
que entrelaza tus sueños
con los míos.

Siempre paso a darte un beso.
Es un rincón de tiempo
en donde tus esperanzas
se convierten en mis ilusiones
y me recuerdas
la promesa de un mejor mañana.

Esta noche besaré tu frente
como todas las otras noches
desde que naciste.
Como la firma de un convenio
entre mi presente y tu futuro.
Te contemplo durmiendo
y con mi beso,
celebro tu vida en la mía.

ORACIÓN

Señor,
no me dejes
envejecer así,
con el peso de mis errores
sobre mi espalda,
con la amargura
de mis sueños rotos.

Señor,
no me dejes
envejecer así,
arrastrando un tiempo
que nunca fue mío
y los pecados de otros
amarrados al corazón.

Déjame siempre ver
los pequeños momentos entrañables,
las risas y las ilusiones de los niños
y los sueños que siempre
serenaron mis tempestades.

Deja que mis arrugas
muestren la geografía de lo que soy
y mis canas, los hilos
que se tejen de las esperanzas.
Amen.

TOCAR UNA ESTRELLA

Tocar una estrella
para abrazar el cielo,
y ver en la gota de rocío
un reflejo del inmenso mar.

Hay que soñar,
Soñar y más que soñar.
Para llegar más lejos,
Hay que volar más alto.

ANIVERSARIO

Verte,
como si te viera
por primera vez.

Tocarte,
como si tratara
de abrazar el ancho mar.

Soñarte
con el sueño ingenuo
de los niños
y saberte mía,
desde siempre,
para siempre…
como aquella primera vez.

LLEGAR A TI

Cuando entré en tu corazón,
ya no salí más.
Ni vine, ni me fuí,
ni tampoco regresé…

No se me rompió nada
en la tranquilidad
de tus aguas.
Navegamos bien,
zarpamos para nuevos mundos
y nuestro barco salió
librado de tempestades.
Siempre buscamos
vientos que nos
llevarían a puerto seguro.

Cuando entraste en mi corazón,
ya no saliste más.
nunca te fuiste, ni veniste,
ni tampoco regresaste,
pues siempre supimos
que de marcharnos,
nos iríamos juntos.

Y nosotros, que nunca
nos fuimos,
porque no se puede ir
al sitio en donde siempre
se ha estado.

TARDE DE MARTES

En una tarde de martes cualquiera,
lluvioso y perezoso como hoy.
Me tomo un café y oigo
el clavetear de la lluvia en el techo.

En una tarde cualquiera,
de olor a tierra húmeda y a recuerdos,
tomo la pluma y te escribo,
y te escribo porque sí… y porque no.

Escribo porque sí saldrá el sol,
y escribo porque no veré el atardecer,
y oigo el repique de las gotas
que marcan el ritmo de mi tarde.
Veo el reflejo de los charcos,
esos espejos rotos
de sentimientos confundidos
en la intersección de los círculos
de cada gota que cae.

Regreso y suspiro,
y suspiro y luego te abrazo…
Te cobijas conmigo,
O mejor dicho en mí…
Beso tu frente
en una tarde de martes cualquiera.

NO LLOVIÓ EN MAYO

Ese día no llovió en mayo,
tampoco llovió en junio…
y los campos se secaron,
y Dios vió con pena
el sufrimiento de los hombres.

…pero Dios ya no tenía lágrimas
para que se convirtieran en lluvia.
No le alcanzaron los suspiros
ni para hacer un arcoiris…
Ese día no llovió en mayo
y Dios se murió de pena.

LUNES

Y pasa el lunes
y le caben todas mis horas
para ver morir todos mis días.

Y, quiénes somos el martes?
Y, cuál será tu miércoles?
Quién nacerá un jueves
para ser enterrado
ese viernes cualquiera?

El sábado dormiremos tarde,
cansados de nuestras agonías.
El domingo tiraremos
cualquier padrenuestro al cielo
y al lunes,
al lunes le toca
el recuerdo de todos mis días.

FABRICANTE DE SUEÑOS

Soy un fabricante de sueños,
soy carpintero, soy tejedor.
Soy el hacedor de estrellas
que pringa el firmamento...

Soy tú,
soy él y ella,
soy el nosotros, vosotros,
y por supuesto, ellos.

Soy conjugación de verbos
en el ajedrez del universo.
Mis cuadros bailan
al compás de mis poemas.
Mis dibujos se dispersan
y mis esculturas crujen
como puertas ancestrales.

En el reventar del día,
de ese día cualquiera,
soy un hacedor de estrellas.

SOLO UNA ROSA

Si yo te pudiera ofrecer
todas las riquezas del mundo,
tu tomarías aquella rosa;
yo te haría aquel poema,
y juntos tocaríamos el firmamento.

Si yo pudiera hacer cualquier cosa,
me bañaría con tu sonrisa.
Me sumergiría en tus ojos
para abrazar tu alma
y mi corazón tocaría el tuyo.

Tu no me pedirías más,
ni todo el oro del mundo.
y yo, yo
no necesitaría más
para tocar el cielo…
y tú, tú solo tomarías aquella rosa.

CARLOS

Vida

Tu

Celebrar

Quisiera

Olvidar

Tu

Muerte

Punto.

NIÑO PERDIDO

Lo encontré en la playa
yendo y viniendo.
Quería vaciar el mar…
Entre aquellas dos manitas
llevaba el agua
de aquí para allá,
y toda se le iba
entre sus pequeños dedos.

"Y, para qué quieres
vaciar el mar?"
le pregunté incrédulo.
"Es porque no me alcanza el día
y no quiero ver
la puesta del sol."

HACEDOR DE ESTRELLAS

Tu barca ancló en el firmamento,
y nos dejaste tu mapa de estrellas,
pensando que algún día
alguien seguiría tus pasos,
pero nadie llegó...

Te pusiste a fabricar estrellas
para marcar el camino,
y aún asi, nadie llegó.

Tus constelaciones
dejaron surcos en el mar,
y lo que queda es
la triste canción de una sirena
perdida en la mar.

ENTRE EL CIELO Y EL MAR

Pedro tomó su barca
y zarpó un día lejano.
Dijo que buscaría el sitio
en donde el cielo
se junta con el mar.
Debe haberlo encontrado,
pues no volvió.

ANTES DE CONOCERTE YA TE CONOCÍA

Antes de conocerte
ya te conocía.
Ya mi barca
había atracado
en tu playa.
Antes que fueras mía,
ya había recorrido tu cuerpo,
ya había soñado contigo.
Tenía todos los mapas
que los sueños dan
para recorrer tus geografías.

Antes de conocerte
te sabía mía...

SOÑANDO DESPIERTO

Pensé que soñaba despierto
Y soñé que pensaba dormido.
Pensaba en ti,
soñaba contigo,
soñaba despierto,
pensaba dormido.

Eras un sueño
o un pensamiento.
Soñe que eras mía
y que yo estaba contigo.

TROVADOR

Quisiera terminar este poema,
cerrar el capítulo y
en página nueva,
escribir otra canción,
otra canción de amor,
del susurro del viento
y de los secretos que me contó.

Quisiera terminar este poema
con una canción de estrellas,
canción de sueños,
de esperanzas y amaneceres.
Será una canción del mar
abrazando el cielo,
de tu mano en la mía
y las olas que borran
nuestras huellas en la arena.

Talvez es la canción
que no ha de terminar.
Mis palabras inconclusas
bailan, burlándose
de este pobre trovador.

MIS SUEÑOS SON TUYOS

En mi corazón viven tus besos,
tus caricias. Siento tus dedos
recorriendo todo mi cuerpo,
abrazándose a mis esperanzas.

Es tuya mi geografía,
mi hambre de ti,
tu aventurar en mis mares,
tu recorrer de mis ríos.
Son tuyos mis sueños,
y tuyas serán mis cenizas.

MARIPOSA

Acabaron con ella.
Le cortaron las alas
antes de que le salieran.
Sus lecciones de vuelo
terminaron pronto
y al perder las alas,
perdió sus ilusiones.

Quería volar alto,
quería llegar más lejos,
pero le cortaron las alas
antes de que levantara su vuelo.
La arrojaron al viento
para que muriera de deseperanza.

TUS FANTASMAS

Ayer me encontré
con uno de tus fantasmas,
uno de esos ayeres inconclusos.
El preguntó por mí,
pero sabía que pensaba en ti
y ví que en sus ojos
quedaba algo de tu mirada,
y sentí que en su alma
asomaba uno de tus recuerdos.
Y pensé que de cuando en vez
él pensaría en una vida alternativa,
en un: "si hubiera sido diferente…"

Me gustó verlo,
péro me dió pena
que llevara siempre
todos tus ayeres inconclusos.

DESDE LA TUMBA DE MI ABUELA

Desde la tumba de mi abuela,
tallado en frío mármol,
este angel me contempla.
Curiosamente me recuerda de la vida.
Con su mirada de piedra
parece cuestionarme
si he vivido como he soñado
y soñado como he vivido.

Puse las flores a sus pies,
dí por concluído el interrogatorio
y simplemente me fuí
pensando en mi abuela.

NOCHE SIN ALMA

Esta noche vacía
me duele el alma
que deambula
por todos mis ayeres,
y ese dolor
me cala los huesos
y se mete
debajo de los ojos,
por detrás de los párpados.
Y me duele el agua,
y me duele el río
y me duele el mar.

Esta noche vacía,
tan llena de distancias,
solo la luna es compañía,
solo la luna le pone música
a estas palabras.
Y me duele el alma,
y me duele el río,
y me duele el mar.

No se que haría
sin el abrazo
del amanecer.

RECUERDO

El boligrafo con que escribo
me lo regaló tu padre.
Le mandó poner mi nombre
Tal vez para que no me perdiera.
Siempre va conmigo
para saber exactamente
quién soy y en donde estoy.

Hubiera querido corresponderle
y poner su nombre
en algun bolígrafo y tal vez,
tal vez sabría en donde está
y no lo extrañaría tanto
después de su muerte.

DÍA DE NADA

Hoy es un día de nada…
Gris, triste, medio perdido,
medio encontrado, medio medio.
Es un día sin sol y sin luna,
sin recuerdos y sin caminos,
sin senderos y sin mar.

Solo cenizas y polvo
esperando que pase
lo que nunca ha de pasar.
Nada de nada…
Todo de todo.
El día está cansado,
cansado de buscar esperanzas
y ver desfilar gente sin sentido.

MAS ALLÁ DE LA NOCHE

Traté de ir
mas allá de la noche
pero me topé con el alba.
Regresé en vano
buscando mi desvelo,
pero solo encontré
ese cansancio un tanto raído
que me reprochaba sueño.
Y el poema por despuntar
nunca alzó su vuelo,
y se quedó precisamente
en el lugar que no encuentro.

A MIS HIJAS

Me inclino y
beso tu frente
como tantas noches,
y comprendo el compromiso
entre mi presente y tu futuro,
entre mis sueños y los tuyos,
tus destinos y los míos.

Beso tu frente
en el punto del tiempo
en que mi pasado
se conjuga con tu futuro.

PALABRAS EN LA ARENA

El mar escribirá
su poema en la roca
y la formidable
pluma de sus olas
dejará las palabras
sueltas en la arena.

Esa es su canción,
la que con cada ola
nunca deja de cantar.
Esas son sus palabras,
incomprensibles y dispersas...

El mar escribirá siempre
un poema en cada roca.

POESÍA

Me gusta leer poesía,
acariciar la página con la mirada
buscando un "no se qué".

A veces busco
la palabra que no entiendo,
la licencia poética
o la falta de ortografía.

Me gustan los finales tristes
o los finales felices,
o los que no tienen final.

Me gusta la música
de las palabras sueltas
cuando hacen eco con mi alma,
cuando rebotan en los rincones
de los viejos recuerdos, o
cuando vuelan para acariciar el cielo.

Me gusta leer poesía…
Solo así.

SENTENCIA

Contemplarás el horizonte
hasta que no puedas ver.
Enterrarás tus recuerdos
hasta que no te quede alma.
Te romperás el corazón
todos los días.
Perderás todo,
hasta que encuentres la fé.
Entonces, y solo entonces,
habrás encontrado todo.

VIVIR

Las horas y los días
se escurren entre mis dedos,
como el agua de mis ríos.
Mañana es una página
que vertiginosa
pasa por mi vida
dejando una estela de recuerdos.

Después de todo,
sabremos morir
solo si aprendemos a vivir.

APLAUSOS PERDIDOS

Pobre músico aquel,
el de la noche triste
y la canción desesperada.
No era bueno,
pero cómo trataba
de enfrentar las notas
ante la indiferencia
de aquel público ingrato!

Aquella música
triste y destemplada
solo sonaba y sonaba
y aquel pobre guitarrista
cerraba su noche
con la triste canción
de toda su desesperanza.

NO MAS VIDAS ROTAS

No más vidas rotas.
No más fragmentos,
ni piezas de rompecabezas,
ni pegamento
para reparar tu vida.

No persigas tus fantasmas
ni busques recuerdos
bajo tus alfombras.
No hay que buscar ilusiones
en el viento,
ni viejas culpas en las fotografías.

Las páginas de tu diario
están vacías
y las de tu vida
esperan por todos tus mañanas.

FRENTE A TU TUMBA

Ojos de niña triste,
soledad de tus sueños truncados,
corona de esperanzas a medias
de tu vida corta.

Cuántas lágrimas
regaron tus padres
sobre tu fría tumba
para que germinara
la triste flor de sus recuerdos.

Y de tu vivir
solo queda
ese frío mármol
de tu estatua
y el espantoso vacío
de tu ausencia.

PALOS DE CIEGO

Jugamos siempre al escondite
haciendo lo posible
por no encontrarnos.
Rebuscamos las llaves
para no abrir nuestras puertas
y cerramos las ventanas
para poder correr sus cortinas.

Y en esa oscuridad
pretendemos ver la vida…
Y vamos dando palos de ciegos
de aquí para allá…de allá para acá.

CATEDRALES

Pareciera que cambié
un sueño por dos ladrillos
que llevo a cuestas.
De mis esperanzas
llevo tres o cuatro piedras
y de mis ilusiones,
ni hablemos,
dos que tres mármoles!
He de sumarlo todo
para ver de construir
una catedral!

ROSA ROTA

No entiendo
cómo se rompió tu rosa…
No se marchito,
ni perdió los pétalos.
Ni siquiera se dobló.
Cuando era tuya
era la más hermosa…

No entiendo
cómo se rompió tu rosa…
Solo me guardaste los pedazos,
los pusiste en mis manos,
y me besaste
antes de cerrarme la puerta
en la cara.

Me dejaste
la rosa rota
y algo más…
No entiendo
cómo se rompió mi rosa…

FORJA

Necesito tu calor,
tocarte, tenerte,
fundirme contigo,
fundirte conmigo.

EL VUELO DE ÍCARO

Ícaro extendió sus alas,
pronto a realizar su vuelo,
pero cuando vieron
la hermosura de su sueño,
unos le dijeron
que mejor no desplegara sus alas;
Y otros, que no era conveniente
que sus sueños despegaran.
Al final se quitó las alas,
recogió los pedazos
        y camino
                con el resto
                        de los mortales…

SILENCIO

Y qué es tu muerte,
sino el silencio de tu ausencia…
El silencio de tu vacío…
El silencio de tu silencio.
Silencio.

PÁGINAS VACÍAS

Acaricio las páginas vacías
que me invitan
a escribir sus nombres,
a contar sus historias.

Creo que es un buen lugar
para colocar una ventana
o tal vez para abrir una puerta.
Es un buen lugar
para colocar los recuerdos
del baúl de mis ayeres....
Solo son dos que tres memorias
pintadas en sepia por los años,
dos que tres páginas
que me invitan
a escribir su historia.

AMOR IMPOSIBLE

El rocío se enamoró
de aquella rosa
y cada madrugada,
absorto la contemplaba.
No se atrevía a despertarla,
mas varias perlas le dejaba.

La rosa no entendía
realmente lo que pasaba
y halagada se sentía
del misterioso pretendiente.
El amor, corresponder no podía,
y poco a poco, día a día,
de la desesperación,
la pobre rosa se marchitaba.

NÁUFRAGO

Estoy de noche
a pleno sol.
En la obscuridad
de tu ausencia,
náufrago de tu lejanía,
de tu poner tanta distancia…
Soy prisionero, soy desterrado.
Dos lados de una misma moneda.
Estás, pero no estás
y yo estoy,
pero estoy de noche,
a pleno sol.

HUÉRFANO

Y si solo fuera
el poema que nace triste,
el poema huérfano
que no conoce su música…

Y si el dibujo
es el que no llega al lienzo
para convertirse en un cuadro…
Y si no conoce sus alas
para levantar su vuelo…

Estaríamos sordos
ante ese inmenso silencio.
Seríamos ciegos
ante tal ausencia…
No tendríamos
ni cielo ni mar,
y mucho menos
algo en el medio.

NADA CAMBIA

Nada cambia.
Todo cambia.
Y la vida sigue.
Una película a medio rodaje,
y hoy no somos los mismos,
ni lo que seríamos,
ni lo que eramos,
ni lo que fuimos

CUANDO ERAMOS NIÑOS

Recuerdo tu sonrisa,
tu cabello al viento
y el brillo de tus ojos
cuando me mirabas.
Recuerdo cuando niños
que queríamos ser grandes
y comernos el mundo
de un solo bocado.
Recuerdo el estrenar
de tu cuerpo con el mío,
el estudio de nuestras geografías
en el impetu de nuestros ríos.
Recuerdo cuando
eramos niños
…y dejamos de serlo.

OTOÑO

Cuando estás ausente
las palabras brotan
y las páginas se llenan
y vivo y respiro soledad.

Es tu ausencia
que me hunde
en la profundidad
de nuestros ayeres.

Es tu ausencia
la causante de mis desiertos,
de mis nieves de invierno
y la hoja seca
que finalmente baila
y cae en todo tu otoño.

CARTAS

Extraño la correspondencia,
esos viajes de cartero
de allá para acá,
que traía nostalgia y esperanza.

A donde se fueron todos?
Extraño la expectativa
de recibir una carta,
de escribirla y enviarla,
y esperar respuesta...
Cosas jurásicas serán,
pero igual las extraño.

No sé de martillar
un insulso teclado,
No sé de ese animal
electrónico que le dicen ratón,
ese boton ingrato
que hace "click" y
en un instante
destruye la espera,
la nostalgia y la esperanza.

Ya no pensamos lo que escribimos,
ya no sentimos lo que pensamos,
ya no acariciamos nuestros sentimientos
en ese instantáneo "click".

Es instantáneo, si,
Pero cuántas cosas perdemos...

EL ÚLTIMO REY

Estarás
siempre sentado
en tu trono.
Te enterrarán
con todo y corona.
El cetro también.
¡Alfombra roja, por supuesto!

Dirán que fuiste
de los últimos de tu estirpe.
Será tu linaje,
tu escudo de armas,
no olvidemos la espada,
y todos tus cuentos de hadas
que se irán contigo…
Y nunca admitirás
que pudiste estar equivocado.

Decretarán duelo nacional,
banderas a media asta,
y pasarán por tu féretro
con la despedida hipócrita
de los que no tuvieron valor
para decirte que podías cometer errores.

Emitirán las proclamas del caso
y desfilarán todos los vendepatrias
que te dijeron siempre
lo que querías oír.
y morirás sin admitir
que pudiste estar equivocado.
Descansa en paz.

EL VIEJO ROBLE

Regresé a aquel jardín
de tantas tardes compartidas.
Después de tantos años
me sentí intruso…
con la intimidad perdida.

El roble viejo,
nuestro amigo
de tantos secretos,
nuestro roble, aún está en pie.
Está más seco,
está más viejo,
pero cuida nuestro corazón
en su corteza.

Lástima que nosotros
no fuimos tan fieles.
Nuestro corazón todavía
estaría en nuestra corteza.

LADRÓN DE MEMORIAS

Hay un ladrón ingrato
que se roba tu memoria,
que brinca de neurona en neurona
robándote tu hoy.

Le has dado valiente pelea.
Has defendido la casa,
has luchado en cada cuarto
y en cada rincón de tu cabeza.
No claudiques…
Te queremos asi, hoy.
No te pierdas.

"¡Ven, cobarde ladrón!
Pelea de frente.
No vayas asestando
puñaladas por la espalda.
Da la cara, maldito asesino!"

Te vas poco a poco,
memoria a memoria,
recuerdo por recuerdo.
Es el reloj de arena
que inexorable se vacía.

La lucha es familiar.
Hace algunos años
Vació la casa de tu madre.

EXTRAÑARTE

Soy todo extrañarte
y entonces nada…
Tu ausencia
me quita la vida,
y sin ti,
nada tiene sentido.

En la orilla
de ese vacío infinito,
al borde de
ese barranco absoluto,
pronuncio tu nombre
antes de saltar.

Oigo tu voz
pronunciar el mío
y abruptamente despierto…
y entonces nada…
Mi cama vacía.
¡Soy todo extrañarte!

AUSENCIA

No te has terminado de ir
y ya deambulo
por toda la casa
buscando ecos
de tu presencia.
No estás.
Te has ido niña
y volverás mujer,
y el nido,
mi nido,
se queda vacío.

DISTANCIA

Te dí todo
y no tengo nada
sino el vacío
de toda tu distancia.

Hemos perdido
el mapa de nuestros pasos.
El vasto oceano
de tus ausencias
revienta en mis playas
y solo siento
el vacío de todas tus distancias…

ESTE SILENCIO

Este silencio me abruma.
Y es que no es silencio
sino ausencia…
y más que ausencia,
distancia.

Te busco en el eco
de tus últimos pasos.
Te busco en el tic tac
de mis horas de espera
y trato de reconfortarme
en el río de tus recuerdos,
pero tu silencio me abruma.

Este silencio me abruma
y mi corazón
solo espera tu regreso

MI PERRO Y YO

Nos hemos quedado solos
mi perro y yo,
y me acompaña siempre,
como alma en pena.

Extrañamos a los que se fueron..
Añoramos ese no sé qué…
Oimos los ecos y crujidos
de la casa vieja
y levantamos las orejas
esperando que alguien
baje las gradas.
Compartimos un silencio
que nos inunda
y esperamos…

Este poema bien vale
una noche triste de sábado
y una botella de vino.
Nos hemos quedado solos
mi perro y yo.

MIS VIEJOS POEMAS

Leí mis viejos poemas.
Sí, los leí otra vez…
Es como regresar a casa,
sentir el calor del hogar
y revisitar a viejos amigos.

Hay una familiaridad cálida,
una comunión de sentimientos
con viejos pensamientos.

Entonces descubro
que los poetas
somos viajeros frecuentes,
vagabundos incurables
que partimos lejos
con cada palabra,
con cada poema…

El destino es incierto,
el viaje, interminable.
Los sentimientos son
como el vaivén de las olas
de un mar inalcanzable…

Leí mis viejos poemas
y por unos breves instantes
estuve en casa.

TUS CARTAS

Tengo la gaveta
de mis tesoros.
Guardo tus cartas
y mis poemas…
Guardo fotografías descoloridas
de recuerdos entrañables.
Tengo un papel
en donde anoté mi epitafio,
para que cuando muera
no te inportune.

Sé que mi vida entera
cabe en una pequeña maleta.
Después de todo,
cupo en esta gaveta.

MILAGROS

Conquistaré un mar
sobre el que pueda caminar…
Partiré un pan y un pez
que sepan de matemáticas
para poder multiplicar…
Y finalmente,
convertiré mi agua en tinta
para poder hacer
milagros de papel…

CULPABLE

Soy culpable
de no haber escrito
con estas manos
más poemas.

Soy culpable
de no haber
usado mi pluma
y de caer
en este silencio complaciente.

Soy culpable
con estas manos
de enjuagar palabras,
de jugar con ellas
para luego abandonarlas.

El poema se hace,
la palabra se forja,
y yo, con estas torpes manos,
no escribí lo que tenía que escribir.

Soy culpable
y se pasó la vida
y estos pocos pliegos
son lo único
que queda.

Culpable.

CREER

"¿Y como se hacen
las estrellas?"
le pregunté
al hacedor de estrellas.

"Primero tienes
que creer en ellas,
luego las piensas,
y luego las deseas."

"¿Así de fácil?"
pregunté ingenuo.

"Sí, si crees
que creer es así de fácil..."

CONMIGO

Estoy conmigo mismo
y a veces su compañía
no la entiendo...

Me exige, me pregunta cosas
que no tengo por que contar.
Ese metido, preguntón,
se mete detrás de mis ojos,
detrás de mis espejos
y, en mi cara, se ríe de mí.

Se asoma con su sarcasmo,
cuando me peino,
cuando me lavo las manos
o me cepillo los dientes.

Me exige que termine el libro,
que escriba más
y que piense menos...

CONQUISTA

Seré culpable tal vez,
de aquello que no hice…
De no quemar los barcos
antes de iniciar mis conquistas;
de no haber hecho mapas
de todos mis continentes
y de no haber talado mis selvas
para cosechar desilusiones.

Seré culpable siempre,
de mis cuadros pintados a medias,
de mis poemas inconclusos
y de mis esculturas rotas…

Pero cuando mis manos
toman la arcilla, no preguntan.
y cuando mis dedos
cogen un pincel, no ven.
y cuando mi pluma
toca su página,
lo hace sin pensar
en barcos, mapas, ni selvas.

Y en esa batalla constante,
siempre habrá victimas inocentes.

HIJO DE LA SELVA

Ixchel dejó al bebé
acurrucado en las raíces
de aquella milenaria ceiba.
Nunca pensó en la curiosidad de los hombres
que venían talando su selva espléndida.

Cuando lo encontraron,
el niño era verde.
De tanto estar en la selva,
le germinaron hojas
que crecían de sus tobillos.
Todo lo que tocaba se tornaba fértil.

No hablaba,
pero de su boca
emanaban los mas dulces trinos.
Cuando lloraba,
brotaban de sus lágrimas
límpidos manantiales
y cuando reía
se formaban arcoiris.

Después de cuidadoso análisis,
los médicos no podían
explicar estos fenómenos.
Habían de arreglar esto, y
a base de transfusiones,
lograron quitarle el verde.
Amputaron las hojas
que salían de sus tobillos.
Se dieron cuenta que
si operaban su boca,
podría hablar.

La selva se estremeció
ante tanto horror.
Al final el pobre niño
nunca habló.
Se perdió el canto de los pájaros.
Nunca volvió a sonreír y
en la selva no volvió
a crecer nada.
Nunca se formaron arcoiris
y ahora cuando llora
buscando a su madre,
llueve tormentosamente.

INVIERNO

Me gusta la nieve,
su fulgor bajo el sol...
Las huellas solitarias
del pequeño zorro desvelado,
el oso que va tarde a su larga siesta,
la hierba que lucha por salir...

Hay algo misterioso en el hielo
con sus destellos azules y rosados,
pero hay algo inherentemente triste
del largo invierno,
que no se quita con la copa de vino
al calor de la chimenea.

Me pone triste ver
casi todo muerto,
y lo que no está,
está dormido.

MUDAR DE PIEL

Quiero mudar de piel y de cuerpo.
El que tengo está dando problemas.
El dolor de rodillas me sobra
y el pelo me falta.

Quisiera una mano nueva
que no titubée cuando escribo,
y dedos firmes
para pintar tu retrato.
Quiero ojos nuevos
para recorrer tu cuerpo
como lo hacia ayer
y piernas para caminar
por tus playas.

Quiero agarrar el barro
y hacerme nuevo,
pero conservar el alma vieja.
Quiero contemplar el día
como niño, pero esperar la tarde
con todas mis tazas de café.
Quiero meditar y pensar
sobre todos mis ayeres.

Quiero mudar de piel y de cuerpo
pero sabiendo lo que sé
y siendo el que soy…
Somos producto de todos nuestros días.

GUERRA

Pobre país el mío...
En guerra desde ayer,
desde antier y desde siempre.
Y no tenemos paz.

Quién hizo esta guerra sin sentido?
Quien nos desangra todos los días?
El ruido de los cañones
se vuelve el murmullo de los políticos,
y el hermano de alguien muere,
y el padre de alguien es herido
y el hijo de alguien cae
como un perro en la calle...

Pero se nos olvida
que el hermano es nuestro,
que el padre es nuestro,
que el hijo es nuestro
y que este país que se desangra
es el nuestro.
Y caminamos sobre los charcos de sangre
como si fuera el agua de un día de lluvia
como cualquier otro.
¿Qué nos pasa?

ORTOGRAFÍA

quisiera olvidarme de la ortografía
y escribir este poema de corrido
dejando que usted
ponga las comas que yo me como
y los puntos que yo no apunto

dejo espacio para que vea
que hay otro pensamiento
que ha sido dejado huérfano
y que sin signos de puntuación
lo convierto a usted en adivino
y pronosticador del zodíaco
de todas mis palabras

no me he atrevido a dejarlo
sin tildes para que no me
acuse de fanfarrón
una que otra constelación
le dejo para que no se pierda
en este ancho firmamento
de todas mis palabras
punto

BLANCO Y NEGRO

Tengo poemas
en blanco y negro.
Mis poemas en blanco
no están escritos.
Mis poemas en negro
son por tu ausencia.

A veces quisiera
poemas de colores,
de cuatro estaciones
de preferencia.
Cinco, si tomamos la del tren.
Pero quisiera escribirte
con azul, con rojo,
con luces de arcoíris fluorescentes.
Quisiera darte poemas
de pleno sol y de luna llena.
Si, música también…
¡Vengan las trompetas
a celebrar tu vida y la mía!

ALGO DEL MAR

Es tu regreso.
Te fuiste niña
y regresaste mujer.
Lo veo en la profundidad de tus ojos…
Tienen algo más del mar.
Tienen algo más del cielo también.
Tienen algo que me dice
que has visto más de la vida
de lo que te llevaste,
y algo mas de todas las cosas
en tu maleta.
Quisiera ver tus mapas
para reconocer tus aventuras.
Quisiera haberte acompañado…

GUERRA DE NADIE

No se trata
De lo que es mío
o de lo que es tuyo.
No se trata de repartir
lo que fue nuestro.

No se deben
escupir las diferencias
ni golpear con las indiferencias
cuando ya no hay amor.

Pero en el combate
hay un herido
que nadie atiende,
que se desangra
ante las descargas
de los cañones
de sus amarguras.

Es el niño que cae
entre el fuego cruzado
de los padres divorciados,
víctima inocente
de la guerra que no pidió.

TIERRA PROMETIDA

Quisiera cruzar un mar
que se parta en dos
y encaminarme
a la tierra prometida.

Necesitaría meter
un poco de fé
en la maleta,
una que otra plegaria,
un trozo de pan
y un poco de vino.

Necesitaría
contemplar el horizonte
para esperar la señal,
o bien tocar la orilla
con mi báculo,
si lo tuviera.
Las aguas se partirían
y escribiría todos
estos poemas
hasta encontrarla.

DILUVIO

Llovió tanto,
que el agua borró
nuestros nombres.
Quedaron en los charcos
nuestras historias.
Lavados quedaron
nuestros amores,
lavados quedaron
nuestros odios.
Llovió por cuarenta días
y llovió por cuarenta noches.
Y nadie supo qué hacer.

JUEGO DE MANOS

Quisiera agarrar
un verbo cualquiera:
prestidigitar, por ejemplo.
Quisiera conjugarlo:
yo prestidigito,
tú prestidigitas…
Y volverlo pasado
y también futuro:
prestidigité…
prestidigitarás…
Luego aprenderlo,
tal vez para poner
varias cosas en el aire,
o en la mente,
o en el alma.

EPITAFIO

En ti he encontrado
mi silencio, mi tumba…
No se vivir sin ti,
así es que he de morir contigo.
Tengo un epitafio
para cuando muramos juntos.
Mueres tú, muero yo.
No quiero importunar a nadie,
así es que lo guardé
en la gaveta.
Cuando nos muramos,
y realmente no importa
si me entierran,
no he de estar vivo
sin tu amor.

SONETO

No he de escribir
un soneto hoy…
Creo que dejaré
ir mi pluma por doquier.
Prefiero el vuelo libre
a la rígida estructura.
Prefiero tocar el alma
con la mano desnuda,
que tratar de hacer cirugía
con la forja de un herrero.

No le quiero quitar mérito
al poeta que prefiere
poner el verbo en pretérito
o sacárselo del sombrero.

SEÑOR ESPECTADOR

Señor espectador:
su actitud es encomiable.
Es de felicitar
que todo lo ve
desde su cómoda ventana.
Nunca corra riesgos
y quédese detrás de su cristal.

Vea el sol,
Pero no lo sienta.
Puede adquirir
quemaduras hasta de segundo grado,
pudiéndose convertir en melanoma.
El viento, no digamos.
Le puede dar tremendo resfriado
y hasta una pulmonía.
Ni se le ocurra
salir a la calle.
Cualquier cosa le puede pasar.

Señor espectador:
No mencionemos nada del amor.
Ese es el peor riesgo.
Un corazón roto
es difícil de pegar.
No salga.
Su actitud es encomiable.

MAÑANA DE NAVIDAD

Mañana de navidad.
Enciendo la chimenea,
taza de café en mano
y leo a García Márquez.

Afuera, el frío invierno.
Adentro, "Doce Cuentos Peregrinos"
que devoro cual mal nutrido.

El silencio es música de fondo
y solo se oye
el crepitar de la chimenea,
y este poema
que ha de esperar
su primavera.

AMOR A DISTANCIA (a Valerie)

No dejes que el amor
se nuble por la distancia.
Estará allí siempre,
cuando más lo necesites
o cuando ni te acuerdes.

En todos tus momentos,
en tus risas y en tus lágrimas,
en el forjar de tus sueños,
en la maraña de tus ilusiones,
siempre estaremos contigo.

No dejes que el amor
se nuble por la distancia.
El amor no tiene fronteras.

ESTELAS EN LA MAR

Con el vaivén de tus olas
vas escupiendo lo que te tragas.
Ayer fueron conchas,
hoy pedazos de madera,
rompecabezas de naufragios,
tus historias en la arena.

¿Qué traerás mañana?
¿Devolverás las ilusiones
de los sueños que te has comido?
¿Y de todos tus fantasmas?
¿Y de tus náufragos perdidos?

Me parece mentira
tanta belleza inaudita.
Te contemplo pensando
en la serenidad de tus aguas,
en tu constante buscar del cielo
en el lejano horizonte.

No pienso en tu ira.
No pienso en la tormenta indómita
que acabó con piratas,
con exploradores y con navegantes.

No pienso en los galeones hundidos,
ni en los vapores de antaño,
ni los submarinos
que yacen en tu fondo.

Pienso en tu serena belleza
Y pienso en Machado:
"Caminante, no hay camino
sino estelas en la mar."

Cuando terminé mi primer libro de poemas en el año 2002 me preguntaba por el niño que todos llevamos dentro. Mis poemas de ese primer libro reflejan esa búsqueda. Tenía a mis hijas pequeñas que constantemente me daban lecciones de vida con la simpleza de su mirar el mundo, con ese sencillo cuestionar que tienen todos los niños. Hoy veo con nostalgia esa inocencia.

Me encuentro, 12 años después, tratando de buscar un balance entre todas las pasiones de mi vida. Me pregunto constantemente por los cuadros que no he pintado, por las esculturas que no hice y los poemas que no he escrito. El tiempo ha marcado mi alma construyendo el mapa de "por donde he pasado". Definitivamente a los 54 años, tengo otro modo de ver la vida, otro modo de hacer las preguntas fundamentales del ser humano que busca encontrarse y conquistarse. La búsqueda sigue siendo la misma.

Estos son mis poemas, el reflejo de esa búsqueda, el constante pelear para domar mis dragones, para encontrar mis geografías. Solo son fragmentos que cayeron del cielo quedándose en la arena, bailando con las olas. Al final solo llego a la conclusión que escribo sencillamente por que tengo que escribir... porque al final del camino, todos tenemos algo que decir y todos queremos construír un puente que toque otros corazones. He aquí mi puente. He aquí mis estrellas en la arena.

Gracias

Diciembre 2014

Sobre el autor:

Alvaro Andrade nació en Guatemala en 1959. Comenzó a escribir a la edad de 14 años. Se graduó de Texas A&M University en 1982 con una licenciatura en arquitectura. En 1986 sacó su maestría en administración de proyectos de construcción, también de Texas A&M University. Alvaro Andrade es arquitecto, artista y escritor. Ha tenido varias exposiciones individuales y colectivas de sus esculturas, pinturas y dibujos, y su obra artística está en colecciones privadas en Guatemala y Estados Unidos. En el año 2002 publicó su pimera colección de poemas en inglés: "Threads: A Collection of Poems". "Así Eres Tú". Su primera colección de poemas en español fue publicada en el año 2004. Este es su tercer libro de poesía. Actualmente vive en Dallas, con su esposa Elena, y sus tres hijas, Isabél, Inés y Margarita.

Printed in the United States
By Bookmasters